Die Erfindung
des Vollmonds
Kräfte, Strahlen und Effekte

Eine Betrachtung

von

Lutz Spilker

DIE ERFINDUNG DES VOLLMONDS – KRÄFTE, STRAHLEN UND EFFEKTE

Bibliografische Information der Deutschen Nationalbibliothek:
Die Deutsche Nationalbibliothek verzeichnet diese Publikation in der Deutschen Nationalbibliografie; detaillierte bibliografische Daten sind im Internet über http://dnb.dnb.de abrufbar.

Softcover ISBN: 978-3-384-20029-7
Ebook ISBN: 978-3-384-20030-3

Druck und Distribution im Auftrag des Autors:
tredition GmbH, An der Strusbek 10, 22926 Ahrensburg, Germany

Inhalt

INHALT 5

VORWORT 12

SIND DAS ALLES BLOßE EINBILDUNGEN? 12

VOLLMOND – DIE BESONDERE KONSTELLATION 15

DER VOLLMOND DER ANTIKEN ZIVILISATIONEN 15

DER VOLLMOND IM MITTELALTER 16

DER VOLLMOND IN DER RENAISSANCE UND AUFKLÄRUNG 16

DER VOLLMOND IN DER MODERNEN ZEIT 16

DIE BEDEUTUNG DES MONDES IN DER GESCHICHTE 18

KULTURELLE UND MYTHOLOGISCHE HINTERGRÜNDE 18

FRÜHE BEOBACHTUNGEN 19

INTERPRETATIONEN 19

MONDPHASEN UND IHRE AUSWIRKUNGEN AUF DIE ERDE: DER
EINFLUSS DES VOLLMONDS AUF GEZEITEN 20

DIE MECHANISMEN HINTER DEN MONDPHASEN 20

DER VOLLMOND UND DIE GEZEITEN 21

DIE ROLLE DER GEZEITEN IN DER NATUR 21

ZUSAMMENFASSUNG 22

MONDZYKLEN UND IHRE AUSWIRKUNGEN: UNTERSUCHUNG DER
VERSCHIEDENEN MONDPHASEN - DIE VERBINDUNG ZU
NATÜRLICHEN PHÄNOMENEN 23

DIE MONDPHASEN IM ÜBERBLICK 23

DIE VERBINDUNG ZU NATÜRLICHEN PHÄNOMENEN 24

MYTHOLOGIE UND KULTUR...24

ZUSAMMENFASSUNG...25

**DIE PSYCHOLOGISCHE WIRKUNG DES VOLLMONDS:
VOLKSMYTHEN UND ÜBERLIEFERUNGEN - PSYCHOLOGISCHE
STUDIEN ZUM EINFLUSS DES VOLLMONDS AUF MENSCHEN.........26**

VOLKSMYTHEN UND ÜBERLIEFERUNGEN...26

PSYCHOLOGISCHE STUDIEN ZUM EINFLUSS DES VOLLMONDS.................................27

ZUSAMMENFASSUNG...28

**BIOLOGISCHE RHYTHMEN UND DER MOND: EINFLUSS DES
VOLLMONDS AUF PFLANZEN UND TIERE - DIE
FORSCHUNGSERGEBNISSE ZU BIOLOGISCHEN ABLÄUFEN...........29**

DER EINFLUSS DES VOLLMONDS AUF PFLANZEN.................................29

DER EINFLUSS DES VOLLMONDS AUF TIERE.................................30

DIE ROLLE DER FORSCHUNG...30

ZUSAMMENFASSUNG...31

**VOLLMOND UND SCHLAF: UNTERSUCHUNG VON
SCHLAFMUSTERN WÄHREND DES VOLLMONDS -
SCHLAFSTÖRUNGEN UND IHRE MÖGLICHE VERBINDUNG..............32**

SCHLAFMUSTER WÄHREND DES VOLLMONDS.................................32

SCHLAFSTÖRUNGEN UND IHRE MÖGLICHE VERBINDUNG ZUM VOLLMOND...33

DIE ROLLE DER FORSCHUNG...34

ZUSAMMENFASSUNG...34

**VOLLMOND IN DER ASTROLOGIE: ANALYSE ASTROLOGISCHER
INTERPRETATIONEN - KRITISCHE BEWERTUNG DER
ASTROLOGISCHEN SICHTWEISE...35**

ASTROLOGISCHE INTERPRETATIONEN DES VOLLMONDS.................................35

KRITISCHE BEWERTUNG DER ASTROLOGISCHEN SICHTWEISE.................................36

DIE GRENZEN UND MÖGLICHKEITEN DER ASTROLOGIE.................................36

MONDZAUBER UND RITUALE: TRADITIONELLE RITUALE UND BRÄUCHE WÄHREND DES VOLLMONDS - MODERNE ANWENDUNGEN UND IHRE BEDEUTUNG 38

MODERNE ANWENDUNGEN UND IHRE BEDEUTUNG 39

DIE BEDEUTUNG VON MONDRITUALEN IN DER HEUTIGEN GESELLSCHAFT ... 39

ZUSAMMENFASSUNG 40

WISSENSCHAFTLICHE KONTROVERSEN: DISKUSSION UM DIE EXISTENZ VON MONDKRÄFTEN - DER STAND DER FORSCHUNG UND OFFENE FRAGEN 41

DER STAND DER FORSCHUNG 41

OFFENE FRAGEN UND KONTROVERSE DISKUSSIONEN 42

ZUKÜNFTIGE FORSCHUNGSPERSPEKTIVEN 43

ZUSAMMENFASSUNG 43

MONDLANDUNGEN UND WISSENSCHAFTLICHER FORTSCHRITT: EINFLUSS DER MONDFORSCHUNG AUF DIE WISSENSCHAFT - DIE TECHNOLOGISCHE ENTWICKLUNGEN DURCH RAUMFAHRTMISSIONEN 44

DIE ERSTEN SCHRITTE AUF DEM MOND 44

TECHNOLOGISCHE ENTWICKLUNGEN UND INNOVATIONEN 45

DAS ERBE DER MONDLANDUNGEN 46

ZUSAMMENFASSUNG 46

KUNST UND LITERATUR: DIE FASZINATION DES VOLLMONDS 47

DIE DARSTELLUNG DES VOLLMONDS IN DER KUNST 47

DER EINFLUSS DES VOLLMONDS AUF SCHRIFTSTELLER 48

DIE ZEITLOSE ANZIEHUNGSKRAFT DES MONDES 48

ZUSAMMENFASSUNG 49

VOLLMONDPHÄNOMENE IN VERSCHIEDENEN KULTUREN: DIE KULTURELLE VIELFALT IN DER INTERPRETATION 50

DER VOLLMOND IN SPIRITUELLEN PRAKTIKEN 50

FESTLICHE FEIERN UND TRADITIONEN 50

MYTHOLOGIE UND FOLKLORE 51

DIE UNIVERSELLE BEDEUTUNG DES VOLLMONDS 52

MONDMYTHEN UND LEGENDEN: GEMEINSAMKEITEN UND UNTERSCHIEDE 53

DER MOND ALS GÖTTLICHE GESTALT 53

DER MOND ALS SYMBOL FÜR ZYKLUS UND WANDEL 54

REGIONALE VARIATIONEN UND KULTURELLE EINFLÜSSE 54

ZUSAMMENFASSUNG 55

MONDFINSTERNISSE UND IHRE WIRKUNG: ERKLÄRUNG VON MONDFINSTERNISSEN - HISTORISCHE REAKTIONEN UND INTERPRETATIONEN 56

ERKLÄRUNG VON MONDFINSTERNISSEN 56

HISTORISCHE REAKTIONEN UND INTERPRETATIONEN 57

MODERNE BEDEUTUNG UND WISSENSCHAFTLICHES VERSTÄNDNIS............58

ZUSAMMENFASSUNG 58

MONDMYSTIK IN DER POPKULTUR: EINFLUSS DES VOLLMONDS IN FILM, MUSIK UND POPKULTUR 59

DER VOLLMOND IM FILM 59

DER VOLLMOND IN DER MUSIK 60

DER VOLLMOND IN DER POPKULTUR..60

ZUSAMMENFASSUNG 61

VOLLMOND UND NATURKATASTROPHEN: MYTHEN UND REALITÄT 62

MYTHEN UND ÜBERLIEFERUNGEN 62

WISSENSCHAFTLICHE ERKENNTNISSE..63

INTERPRETATION UND KULTURELLE EINFLÜSSE 63

ZUSAMMENFASSUNG 64

VOLLMOND HEUTE: EINFLUSS IN DER MODERNEN GESELLSCHAFT
.... 65

DIE MEDIENBERICHTERSTATTUNG 65

ÖFFENTLICHE WAHRNEHMUNG 66

AKTUELLE DEBATTEN UND DISKUSSIONEN 66

ZUSAMMENFASSUNG 67

**ZUKÜNFTIGE FORSCHUNGSPERSPEKTIVEN: OFFENE FRAGEN UND
ZU ERFORSCHENDE BEREICHE** 68

ENTWICKLUNG NEUER TECHNOLOGIEN 68

ERFORSCHUNG DER MONDATMOSPHÄRE 69

UNTERSUCHUNG DES MONDGESTEINS 69

ERFORSCHUNG VON WASSERRESSOURCEN 69

INTERDISZIPLINÄRE ZUSAMMENARBEIT 70

ZUSAMMENFASSUNG 70

ERKENNTNIS: ZUSAMMENFASSUNG UND AUSBLICK 71

ZUSAMMENFASSUNG DER ERKENNTNISSE 71

AUSBLICK AUF ZUKÜNFTIGE DISKUSSIONEN UND FORSCHUNGEN 72

ABSCHLIEßENDE GEDANKEN 73

ÜBER DEN AUTOR 74

IN DIESER REIHE SIND BISHER ERSCHIENEN 75

**Wolken ziehen auf,
von Zeit zu Zeit – sie bringen die Chance,
ein wenig auszuruhen von der Betrachtung des Mondes.**

Matsuo Bashō

(japanisch 松尾 芭蕉; * 1644 in Akasaka, Provinz Iga, heute Akasaka, Ueno, Iga, Präfektur Mie; † 28. November 1694 in Osaka), eigentlich Matsuo Munefusa (松尾 宗房), war ein japanischer Dichter. Er gilt als bedeutender Vertreter der japanischen Versform Haiku. Bashō und seine Schüler erneuerten die bis dahin humorvoll spielerische Haikai-Dichtung und erhoben sie in den Rang ernsthafter Literatur.

Vorwort

Bereits seit Urzeiten wird der Planet namens ›Erde‹ von seinem einzigen Trabanten mit der Bezeichnung ›Mond‹ begleitet. Be-

findet sich dieser Mond in seiner Umlaufbahn in Opposition zu unserem Zentralgestirn (und das ist alle 29,5 Tage der Fall), steht er also in seiner ganzen Pracht und Herrlichkeit als Vollmond hoch am Himmel, scheinen von ihm Kräfte ungeahnten Ausmaßes auszugehen, die auf der Erde nicht nur gigantische Massen von Wasser zu Ebbe und Flut bewegen, sondern auch einen großen Einfluss auf die, auf der Erde existierenden Lebewesen zu besitzen.

Sind das alles bloße Einbildungen?

Existieren die Kräfte nur nicht, weil sie der Mensch bislang nicht messen, feststellen oder orten kann? Dieses Buch will die Dinge und Sachverhalte kritisch hinterfragen, genauer beleuchten und ernsthaft dokumentieren.

Die vorliegende Publikation, mit dem bezeichnenden Titel ›Die Erfindung des Vollmonds‹, führt den Leser auf eine faszinierende Reise durch die komplexen Facetten menschlicher Wahrnehmung und kultureller Konstruktion. Unser tägliches Leben ist geprägt von Vorstellungen, die wir als selbstverständlich betrachten, und doch sind viele dieser Entwürfe das Ergebnis kultureller Entwicklungen und menschlicher Erfindungen.

Die Idee, dass der Mond in seiner vollen Pracht am Nachthimmel erscheint, mag auf den ersten Blick als naturgegeben erscheinen. Doch dieses Buch wirft einen tiefgehenden Blick auf die historischen, kulturellen und wissenschaftlichen Dimensionen dieser scheinbar simplen Wahrnehmung und deren Auswirkungen. Es entfaltet sich als ein Mosaik von Erzählungen, die nicht nur die Phänomene des Himmels, sondern auch die Art und Weise, wie wir darüber denken, beleuchten.

Die Erfindung des Vollmonds ist keine bloße Aneinanderreihung von Fakten, sondern vielmehr ein Versuch, die Wurzeln unserer Vorstellungen zu verstehen. Beginnend mit den frühesten Aufzeichnungen in verschiedenen Kulturen, über die Fortschritte der Astronomie bis hin zu den literarischen und künstlerischen Interpretationen, entfaltet sich eine fesselnde Geschichte menschlicher Neugier und kreativer Interpretation.

Dieses Buch lädt dazu ein, den Mond mit neuen Augen zu betrachten und die Konstruktionen menschlicher Wahrnehmung zu hinterfragen. Es ist eine Erkundung der Schnittstelle zwischen Wissenschaft und Kultur, die dazu dient, unseren Blick auf die Welt um uns herum zu erweitern.

Der Autor verfolgt in diesem Werk einen Ansatz, der wissenschaftlich fundiert ist. Der Leser wird auf eine intellektuelle Reise mitgenommen, bei der komplexe Konzepte so präsentiert werden, dass sie für ein breites Publikum zugänglich sind.

In einer Zeit, in der Wissenschaft und Kultur eng miteinander verflochten sind, regt ›Die Erfindung des Vollmonds‹ dazu an, über die Grenzen traditioneller Denkmuster hinauszugehen und die Welt um uns herum in ihrer Vielschichtigkeit zu erkunden. Tauchen Sie ein in die faszinierende Geschichte der menschlichen Vorstellungskraft und erleben Sie, wie der Vollmond nicht nur am Himmel erscheint, sondern auch in den Tiefen unserer kulturellen Imagination.

Vollmond – Die besondere Konstellation

Ein historischer Rückblick auf die Erscheinung des Vollmonds

Das vorliegende Kapitel widmet sich dem historischen Rückblick auf die Faszination des Vollmonds im Kontext des Buches. Dabei wird versucht, die unterschiedliche Bedeutung und die tiefgreifende Wirkung des Vollmonds auf verschiedene Kulturen und Epochen zu beleuchten.

Der Vollmond der antiken Zivilisationen

In den alten Kulturen hatte der Vollmond eine zentrale Rolle in mythologischen und kultischen Handlungen. Griechische, römische, ägyptische und mesopotamische Zivilisationen sahen im Vollmond nicht nur einen himmlischen Körper, sondern attribuierten ihm auch spirituelle, göttliche und astrologische Bedeutungen. Mondgottheiten wie Selene, Luna oder Thoth wurden verehrt, und der Vollmond galt als Symbol für Fruchtbarkeit, Weisheit und spirituelle Erleuchtung.

15

Der Vollmond im Mittelalter

Während des Mittelalters behielt der Vollmond seinen mystischen Charakter bei, wurde aber auch mit Aberglauben und Mythen in Verbindung gebracht. Hexenlegenden und Werwolfmythen rankten sich um die Vollmondnächte, und der Mond wurde als Einflussfaktor auf das menschliche Verhalten betrachtet. Alchemisten und Astrologen versuchten, die Geheimnisse des Mondes zu entschlüsseln und nutzten ihn als Inspirationsquelle für ihre esoterischen Praktiken.

Der Vollmond in der Renaissance und Aufklärung

Mit dem Eintritt in die Renaissance und die Aufklärung wandelte sich das Verständnis des Vollmonds. Astronomen wie Galileo Galilei und Johannes Kepler trugen zur wissenschaftlichen Erklärung bei, indem sie die Mondphasen erforschten und die Gründe für die Erscheinung des Vollmonds aufklärten. Gleichzeitig blieb der Mond ein beliebtes Motiv in Kunst und Literatur, wobei Dichter und Schriftsteller die romantische und geheimnisvolle Natur des Vollmonds hervorhoben.

Der Vollmond in der modernen Zeit

In der modernen Ära hat die wissenschaftliche Aufklärung den Vollmond entmystifiziert, aber seine kulturelle Bedeutung bleibt bestehen. Der Mond dient als Inspirationsquelle für Literatur, Film und Kunst. Zudem hat die Raumfahrt den Mond zu einem erkundeten Himmelskörper gemacht, was unser Verständnis von ihm weiter vertieft hat.

Dieser historische Rückblick verdeutlicht, dass die Faszination des Vollmonds nicht nur auf astronomischen Phänomenen beruht, sondern tief in der menschlichen Kultur, Spiritualität und Vorstellungskraft verwurzelt ist. Das Buch ›Die Erfindung des Vollmonds‹ nutzt dieses reiche Erbe, um die Leser in eine Welt zu entführen, in der der Vollmond nicht nur am Himmel steht, sondern auch in den Geschichten und Emotionen der Menschen.

Die Bedeutung des Mondes
in der Geschichte

Kulturelle und mythologische Hintergründe, frühe Beobachtungen und Interpretationen

Der Mond, als eine omnipräsente Himmelserscheinung, hat seit jeher die Menschheit fasziniert und beeinflusst. In diesem Kapitel werden die kulturellen und mythologischen Hintergründe sowie die frühen Beobachtungen und Interpretationen des Mondes beleuchtet.

Kulturelle und mythologische Hintergründe

Der Mond hat in zahlreichen Kulturen eine zentrale Rolle gespielt, seine Erscheinung beeinflusste Mythen, Bräuche und spirituelle Überzeugungen. In der antiken griechischen Mythologie wurde der Mond mit der Göttin Selene assoziiert, die ihren Wagen über den nächtlichen Himmel lenkte. Ähnlich wurde in der römischen Mythologie Luna als Mondgöttin verehrt. Chinesische, indische und andere Kulturen schrieben dem Mond ebenfalls göttliche Eigenschaften zu, die sich in Mondfesten und rituellen Handlungen manifestierten.

Frühe Beobachtungen

Frühe menschliche Gesellschaften verfolgten den Mond aufmerksam und entwickelten erste Methoden zur Beobachtung. Das Mondlicht beeinflusste nicht nur den natürlichen Rhythmus von Tieren, sondern diente auch als Grundlage für primitive Kalender. Die Mondphasen wurden von vielen Kulturen zur Zeitmessung genutzt, wobei Vollmond und Neumond besonders herausstachen.

Interpretationen

Die Interpretation des Mondes erstreckte sich über wissenschaftliche, philosophische und mystische Ebenen. Frühzeitliche Astronomen wie die Babylonier und Griechen studierten den Mond, um Kalender zu erstellen und astronomische Phänomene zu erklären. Gleichzeitig floss der Mond in philosophische Überlegungen ein. In der Renaissance betrachteten Philosophen den Mond als Symbol der Wandlung und Unvollkommenheit.

Die Rolle des Mondes in der Geschichte ist vielschichtig und spiegelt den Wandel menschlichen Denkens und kultureller Entwicklungen wider. Diese kulturellen und mythologischen Hintergründe sowie die frühen Beobachtungen und Interpretationen des Mondes legen den Grundstein für ein tieferes Verständnis der Bedeutung, die dem Mond in verschiedenen Epochen zugeschrieben wurde.

Mondphasen und ihre Auswirkungen auf die Erde: Der Einfluss des Vollmonds auf Gezeiten

Der Mond, unser treuer Begleiter im nächtlichen Himmel, übt seit jeher eine faszinierende Anziehungskraft auf die Menschen aus. Seine Phasen, von der unscheinbaren Neumondnacht bis zum strahlenden Vollmond, haben nicht nur poetische und kulturelle Bedeutung, sondern beeinflussen auch aktiv die Dynamik unseres Planeten, insbesondere in Form der Gezeiten.

Die Mechanismen hinter den Mondphasen

Um das Phänomen des Vollmonds und seinen Einfluss auf die Gezeiten zu verstehen, ist es entscheidend, die grundlegenden Mechanismen der Mondphasen zu erfassen. Der Mond umkreist die Erde in einer elliptischen Bahn, wobei er etwa alle 29,5 Tage eine Umrundung vollendet. Während dieser Umrundung ändert sich die Position des Mondes relativ zur Sonne und zur Erde, was zu den verschiedenen Mondphasen führt.

Bei Neumond befindet sich der Mond zwischen der Erde und der Sonne, sodass die von der Erde aus sichtbare Seite des Mondes nicht beleuchtet ist. In dieser Phase ist der Einfluss des Mondes auf die Gezeiten am geringsten, da die Gravitationskräfte von Sonne und Mond weitgehend ausgelöscht werden.

Der Vollmond und die Gezeiten

Der Vollmond markiert den Zeitpunkt, an dem der Mond sich genau gegenüber der Sonne befindet, von der Erde aus betrachtet. In dieser Konfiguration verstärken sich die Gravitationskräfte von Mond und Sonne, was zu erhöhten Gezeiten führt, bekannt als Springtiden.

Während eines Vollmonds werden die Gezeiten verstärkt, da die Anziehungskraft von Mond und Sonne in dieselbe Richtung wirkt. Das Wasser auf der Erde wird förmlich von beiden Himmelskörpern angezogen, was zu erhöhten Flutwellen führt. Dieses Phänomen ist besonders ausgeprägt, wenn der Vollmond mit dem Perigäum, dem erdnächsten Punkt des Mondes in seiner Umlaufbahn, zusammenfällt.

Die Rolle der Gezeiten in der Natur

Die Gezeiten, die durch den Einfluss des Vollmonds entstehen, haben weitreichende Auswirkungen auf die Küstenlinien, die Ökosysteme der Meere und sogar auf das Klima. Sie formen Küstenlandschaften durch Erosion und Ablagerung, beeinflussen die Navigation von Schiffen und das Verhalten von Meereslebewesen.

Für viele Lebewesen, insbesondere für Küstenvögel und einige Fischarten, sind die Gezeitenzyklen von entscheidender Bedeutung für ihre Nahrungssuche und Fortpflanzung. Die rhythmischen Bewegungen des Wassers im Einklang mit den Mondphasen prägen das Leben entlang der Küsten und in den Ozeanen.

Zusammenfassung

Die Mondphasen und ihr Einfluss auf die Gezeiten sind ein faszinierendes Beispiel für die komplexe Interaktion zwischen den himmlischen Körpern und unserem eigenen Planeten. Der Vollmond, als einer der markantesten Punkte im Mondzyklus, spielt eine entscheidende Rolle bei der Gestaltung der Gezeiten und damit auch unserer natürlichen Umwelt.

Mondzyklen und ihre Auswirkungen: Untersuchung der verschiedenen Mondphasen - die Verbindung zu natürlichen Phänomenen

Der Mond, ein uraltes Symbol der Nacht und der Geheimnisse des Universums, durchläuft regelmäßig eine faszinierende Abfolge von Phasen, die seit jeher die menschliche Vorstellungskraft beflügeln. Von der schimmernden Helligkeit des Vollmonds bis zur mysteriösen Dunkelheit des Neumonds prägen diese Phasen nicht nur den nächtlichen Himmel, sondern auch zahlreiche Aspekte unseres Lebens auf der Erde.

Die Mondphasen im Überblick

Die Mondphasen entstehen durch die relative Position des Mondes zur Sonne und zur Erde während seines Umlaufs um unseren Planeten. Beginnend mit dem Neumond, wenn der Mond zwischen der Erde und der Sonne steht und seine von der Erde aus sichtbare Seite nicht beleuchtet ist, durchläuft der Mond eine kontinuierliche Veränderung seiner sichtbaren Oberfläche.

Mit dem zunehmenden Licht des zunehmenden Mondes erscheint eine schmale Sichel am Himmel, die sich allmählich zu einem Halbmond und schließlich zum strahlenden Vollmond entwickelt. Danach nimmt die Helligkeit des Mondes ab, bis er wieder in der Dunkelheit des Neumonds verschwindet und der Zyklus von Neuem beginnt.

Die Verbindung zu natürlichen Phänomenen

Die verschiedenen Mondphasen haben vielfältige Auswirkungen auf natürliche Phänomene auf der Erde. Ein besonders deutliches Beispiel ist der Einfluss der Mondphasen auf die Gezeiten. Während des Vollmonds, wenn der Mond und die Sonne sich in entgegengesetzten Richtungen relativ zur Erde befinden, verstärken sich die Gezeiten, was zu erhöhten Flutwellen führt.

Aber nicht nur die Gezeiten werden von den Mondphasen beeinflusst. Auch das Verhalten von Tieren und Pflanzen kann sich im Laufe des Mondzyklus verändern. Einige Fischarten nutzen die Mondphasen als Hinweis für ihre Wanderungen, während Pflanzen ihr Wachstumsmuster an die Helligkeit des Mondes anpassen können.

Mythologie und Kultur

Die verschiedenen Mondphasen haben auch eine starke kulturelle Bedeutung in vielen Gesellschaften auf der ganzen Welt. Von antiken Mythologien bis hin zu modernen Ritualen und Feierlichkeiten spiegeln sich die verschiedenen Phasen des

Mondes in den Überzeugungen und Bräuchen der Menschen wider.

In einigen Kulturen wird der Vollmond als Symbol der Fruchtbarkeit und des Überflusses verehrt, während der Neumond oft mit Mysterium und Neuanfang assoziiert wird. Diese kulturellen Interpretationen der Mondphasen zeigen, wie tief verwurzelt der Mond in der menschlichen Vorstellungskraft ist.

Zusammenfassung

Die Untersuchung der verschiedenen Mondphasen und ihrer Auswirkungen auf natürliche Phänomene bietet einen faszinierenden Einblick in die komplexe Beziehung zwischen dem Mond und unserem Planeten. Von den Gezeiten bis zur Tierwanderung, von kulturellen Überzeugungen bis zur Landwirtschaft - die Mondphasen prägen auf vielfältige Weise unser Leben und unsere Welt.

Die psychologische Wirkung des Vollmonds: Volksmythen und Überlieferungen - Psychologische Studien zum Einfluss des Vollmonds auf Menschen

Der Vollmond übt seit jeher eine geheimnisvolle Anziehungskraft auf die menschliche Vorstellungskraft aus. Von alten Legenden und Volksglauben bis hin zu modernen psychologischen Studien wird dem Vollmond eine Vielzahl von Wirkungen zugeschrieben, die das Verhalten und die Emotionen der Menschen beeinflussen sollen.

Volksmythen und Überlieferungen

In vielen Kulturen auf der ganzen Welt sind Mythen und Überlieferungen rund um den Vollmond tief verwurzelt. Er wird oft mit Mysterium, Magie und übernatürlichen Phänomenen in Verbindung gebracht. Von Werwölfen, die angeblich bei Vollmond ihre menschliche Gestalt verlassen, bis hin zu Hexenritualen und Zauberpraktiken - der Vollmond hat einen festen Platz in zahlreichen Volkssagen und Aberglauben.

Einige Kulturen betrachten den Vollmond auch als Zeitpunkt für besondere Rituale und Zeremonien, die mit Fruchtbarkeit,

Ernteerfolgen oder spiritueller Erleuchtung verbunden sind. Diese Überlieferungen spiegeln den tiefen Respekt und die Faszination wider, die der Vollmond seit Jahrhunderten auf die Menschheit ausübt.

Psychologische Studien zum Einfluss des Vollmonds

Trotz der Vielzahl von Volksmythen und Überlieferungen ist die wissenschaftliche Forschung über die tatsächliche psychologische Wirkung des Vollmonds auf den Menschen gemischt und kontrovers. Einige Studien legen nahe, dass der Vollmond tatsächlich Einfluss auf das menschliche Verhalten haben könnte, während andere keine signifikanten Zusammenhänge finden.

Eine der am häufigsten diskutierten Theorien ist die Idee, dass der Vollmond Einfluss auf den Schlaf und die Schlafqualität haben könnte. Einige Studien deuten darauf hin, dass Menschen während des Vollmonds weniger Schlaf bekommen oder schlechter schlafen, während andere keine solche Verbindung feststellen können.

Darüber hinaus gibt es Hinweise darauf, dass der Vollmond Einfluss auf die Stimmung und das emotionale Wohlbefinden haben könnte. Einige Menschen berichten von erhöhter Reizbarkeit oder emotionaler Instabilität während des Vollmonds, obwohl dies nicht von allen Studien bestätigt wird.

Zusammenfassung

Die psychologische Wirkung des Vollmonds ist ein faszinierendes und kontroverses Thema, das sowohl in der Folklore als auch in der wissenschaftlichen Forschung eine Rolle spielt. Während Volksmythen und Überlieferungen den Vollmond oft als mächtigen Einfluss auf das menschliche Leben darstellen, sind die tatsächlichen wissenschaftlichen Beweise für seine Wirkung weniger eindeutig. Dennoch bleibt der Vollmond ein faszinierendes Symbol der Nacht, das die menschliche Vorstellungskraft seit Jahrhunderten beflügelt.

Biologische Rhythmen und der Mond: Einfluss des Vollmonds auf Pflanzen und Tiere - die Forschungsergebnisse zu biologischen Abläufen

Der Mond, ein unermüdlicher Begleiter am nächtlichen Himmel, beeinflusst nicht nur die Gezeiten und die menschliche Vorstellungskraft, sondern auch das Leben in der Tier- und Pflanzenwelt auf der Erde. Die Forschung zu den biologischen Rhythmen und dem Einfluss des Vollmonds auf Pflanzen und Tiere hat in den letzten Jahrzehnten zunehmend an Bedeutung gewonnen und interessante Erkenntnisse hervorgebracht.

Der Einfluss des Vollmonds auf Pflanzen

Eine der faszinierendsten Entdeckungen in der Forschung zu biologischen Rhythmen ist der Einfluss des Vollmonds auf das Wachstum und die Entwicklung von Pflanzen. Untersuchungen haben gezeigt, dass einige Pflanzen auf die verschiedenen Mondphasen reagieren und ihr Wachstumsmuster entsprechend anpassen.

Einige Forschungsergebnisse legen nahe, dass Pflanzen während des Vollmonds ein verstärktes Wachstum aufweisen können, möglicherweise aufgrund der erhöhten Lichtintensität oder der veränderten Gravitationskräfte. Andere Studien haben gezeigt, dass der Vollmond auch Einfluss auf die Blütezeit und die Fruchtbarkeit von Pflanzen haben könnte.

Der Einfluss des Vollmonds auf Tiere

Auch in der Tierwelt gibt es Hinweise darauf, dass der Vollmond biologische Rhythmen und Verhaltensmuster beeinflussen kann. Einige Tiere, insbesondere nachtaktive Arten wie Eulen und Fledermäuse, zeigen möglicherweise unterschiedliches Verhalten während des Vollmonds.

Forschung an Meerestieren hat gezeigt, dass der Vollmond Einfluss auf die Wanderungs- und Fortpflanzungsmuster haben kann. Zum Beispiel könnten einige Fischarten während des Vollmonds vermehrt wandern oder laichen, möglicherweise als Reaktion auf veränderte Lichtverhältnisse oder Gezeiten.

Die Rolle der Forschung

Die Forschung zu den biologischen Rhythmen und dem Einfluss des Vollmonds auf Pflanzen und Tiere ist ein sich entwickelndes Gebiet, das noch viele Fragen aufwirft. Wissenschaftler verwenden verschiedene Methoden, um diese Fragen zu untersuchen, darunter Experimente im Labor, Beobachtungen in der freien Natur und mathematische Modelle.

Durch ein besseres Verständnis der biologischen Mechanismen, die dem Einfluss des Vollmonds zugrunde liegen, könnten Wissenschaftler nicht nur die Natur besser verstehen, sondern auch neue Wege finden, um die Landwirtschaft zu verbessern, den Artenschutz zu unterstützen und die Auswirkungen des Klimawandels zu bewältigen.

Zusammenfassung

Der Einfluss des Vollmonds auf biologische Rhythmen und Abläufe in der Natur ist ein faszinierendes Thema, das die Komplexität und Vielfalt des Lebens auf der Erde illustriert. Von Pflanzen, die ihr Wachstum an die Mondphasen anpassen, bis hin zu Tieren, die ihr Verhalten entsprechend ändern, zeigt die Forschung, dass der Mond eine wichtige Rolle im ökologischen Gleichgewicht unseres Planeten spielt.

Vollmond und Schlaf: Untersuchung von Schlafmustern während des Vollmonds - Schlafstörungen und ihre mögliche Verbindung

Die Nacht ist eine Zeit der Ruhe und Erholung, in der unser Körper und Geist sich regenerieren und für die kommenden Herausforderungen des Tages aufladen. Doch für viele Menschen ist der Schlaf keine ungestörte Oase der Erholung, insbesondere während des Vollmonds, wenn der Himmel von einem strahlenden Mond erleuchtet wird. Die Untersuchung von Schlafmustern während des Vollmonds und die mögliche Verbindung zu Schlafstörungen werfen ein faszinierendes Licht auf die komplexe Beziehung zwischen dem Mond und dem menschlichen Schlaf.

Schlafmuster während des Vollmonds

Die Frage, ob der Vollmond Einfluss auf unsere Schlafgewohnheiten hat, beschäftigt Wissenschaftler und Schlafforscher seit langem. Einige Studien legen nahe, dass Menschen während des Vollmonds weniger Schlaf bekommen oder eine geringere Schlafqualität aufweisen können. Dies könnte auf verschiedene Faktoren zurückzuführen sein, darunter erhöhte

Lichtintensität in der Nacht oder eine veränderte Melatoninproduktion im Körper.

Andere Studien hingegen haben keinen signifikanten Zusammenhang zwischen dem Vollmond und Schlafmustern gefunden. Diese widersprüchlichen Ergebnisse spiegeln die Komplexität des Themas wider und zeigen, dass weitere Forschung erforderlich ist, um die tatsächlichen Auswirkungen des Vollmonds auf den Schlaf zu verstehen.

Schlafstörungen und ihre mögliche Verbindung zum Vollmond

Für Menschen, die bereits an Schlafstörungen leiden, kann der Vollmond möglicherweise eine zusätzliche Herausforderung darstellen. Einige Schlafforscher spekulieren, dass die erhöhte Helligkeit und Aktivität während des Vollmonds die Symptome von Schlafstörungen wie Schlaflosigkeit oder unruhigen Schlaf verschlimmern könnten.

Darüber hinaus gibt es auch kulturelle Überzeugungen und Volksmythen, die den Vollmond mit Schlafstörungen in Verbindung bringen. Menschen berichten oft von unruhigen Nächten oder verstärkten Albträumen während des Vollmonds, obwohl dies nicht von wissenschaftlichen Studien gestützt wird.

Die Rolle der Forschung

Um die mögliche Verbindung zwischen dem Vollmond und Schlafstörungen besser zu verstehen, sind weitere umfangreiche Studien erforderlich. Schlafforscher verwenden eine Vielzahl von Methoden, darunter Schlafmessungen, Fragebögen und experimentelle Studien, um die Auswirkungen des Vollmonds auf den Schlaf zu untersuchen.

Durch ein besseres Verständnis dieser Zusammenhänge könnten Wissenschaftler möglicherweise neue Ansätze zur Behandlung von Schlafstörungen entwickeln oder die Schlafumgebung an die verschiedenen Phasen des Mondes anpassen, um eine bessere Schlafqualität zu fördern.

Zusammenfassung

Der Vollmond und seine möglichen Auswirkungen auf den Schlaf sind ein faszinierendes und kontroverses Thema, das sowohl in der wissenschaftlichen Gemeinschaft als auch in der breiten Öffentlichkeit Interesse weckt. Während einige Studien einen Zusammenhang zwischen dem Vollmond und Schlafstörungen nahelegen, sind weitere Untersuchungen erforderlich, um diese Verbindung zu bestätigen und ihre Mechanismen zu verstehen. Bis dahin bleibt der Vollmond ein faszinierendes Symbol der Nacht, das die menschliche Vorstellungskraft und die Forschung gleichermaßen beflügelt.

Vollmond in der Astrologie: Analyse astrologischer Interpretationen - Kritische Bewertung der astrologischen Sichtweise

Die Astrologie, eine jahrtausendealte Praxis, die davon ausgeht, dass die Positionen und Bewegungen der Himmelskörper Einfluss auf das Leben und die Persönlichkeit der Menschen haben, spielt auch in Bezug auf den Vollmond eine bedeutende Rolle. In der astrologischen Interpretation gilt der Vollmond als eine Zeit der Intensität und Transformation, die verschiedene Aspekte des menschlichen Lebens beeinflussen kann. Doch wie valide sind diese Interpretationen wirklich? Eine kritische Bewertung der astrologischen Sichtweise auf den Vollmond wirft ein faszinierendes Licht auf die Grenzen und Möglichkeiten dieser Praxis.

Astrologische Interpretationen des Vollmonds

In der Astrologie wird der Vollmond als eine Zeit der emotionalen und energetischen Höhepunkte betrachtet. Er wird oft mit Themen wie Emotionen, Beziehungen, und Selbstreflexion in Verbindung gebracht. Ein Vollmond kann als Zeit der Offenbarung und des Wandels gesehen werden, in der verborgene Emotionen ans Licht kommen und neue Erkenntnisse gewonnen werden können.

Die Position des Vollmonds im Tierkreis und seine Aspekte zu anderen Planeten können zusätzliche Informationen über seine potenzielle Bedeutung liefern. Zum Beispiel wird ein Vollmond im Zeichen Stier möglicherweise mit Themen wie Sinnlichkeit und materieller Stabilität in Verbindung gebracht, während ein Vollmond im Zeichen Skorpion möglicherweise auf intensive emotionale Transformation hinweist.

Kritische Bewertung der astrologischen Sichtweise

Trotz der langen Tradition und weit verbreiteten Beliebtheit der Astrologie gibt es zahlreiche Kritiker, die ihre Gültigkeit anzweifeln. Skeptiker weisen darauf hin, dass es keine wissenschaftlichen Beweise für die Behauptungen der Astrologie gibt und dass viele astrologische Vorhersagen vage und interpretationsabhängig sind.

Darüber hinaus kann die astrologische Sichtweise auf den Vollmond als deterministisch und vereinfachend betrachtet werden. Die Idee, dass die Position eines Himmelskörpers zum Zeitpunkt unserer Geburt unsere Persönlichkeit und unser Schicksal bestimmt, steht im Widerspruch zur modernen wissenschaftlichen Sichtweise auf die Komplexität des menschlichen Lebens.

Die Grenzen und Möglichkeiten der Astrologie

Trotz dieser Kritikpunkte bleibt die Astrologie für viele Menschen eine wertvolle Quelle der Selbstreflexion und Inspiration.

Ihre Symbolik und Metaphorik können dazu beitragen, tiefere Einblicke in unser inneres Wesen und unsere Beziehungen zu gewinnen.

Letztendlich liegt es jedoch an jedem Einzelnen, ob er die astrologische Sichtweise akzeptiert oder ablehnt. Die Astrologie bietet einen Rahmen zur Interpretation und Reflexion, aber sie sollte nicht als absolut gültige Wahrheit betrachtet werden. Eine kritische Bewertung der astrologischen Sichtweise auf den Vollmond ermutigt dazu, offen zu bleiben für verschiedene Perspektiven und die Grenzen unseres Wissens anzuerkennen.

Mondzauber und Rituale: Traditionelle Rituale und Bräuche während des Vollmonds - Moderne Anwendungen und ihre Bedeutung

Der Vollmond hat seit jeher eine starke mystische Anziehungskraft auf die Menschheit ausgeübt und war Gegenstand zahlreicher Rituale und Bräuche in verschiedenen Kulturen weltweit. Diese Rituale reichen von alten Zeremonien und traditionellen Praktiken bis hin zu modernen Anwendungen, die die Bedeutung des Vollmonds in der heutigen Gesellschaft reflektieren.

Traditionelle Rituale und Bräuche während des Vollmonds
In vielen Kulturen wurden dem Vollmond besondere rituelle Handlungen zugeschrieben, die mit Spiritualität, Fruchtbarkeit, Ernte und Heilung verbunden waren. Diese Rituale reichen von einfachen Beobachtungen des Vollmonds bis hin zu komplexen Zeremonien mit Gesängen, Tänzen und Opfergaben.

Ein Beispiel für ein traditionelles Vollmondsritual ist das Mondfest, das in vielen asiatischen Ländern gefeiert wird. Während dieses Festes kommen Familien zusammen, um den Vollmond zu bewundern, spezielle Speisen zu genießen und sich an gemeinsamen Aktivitäten zu erfreuen. Das Mondfest symbolisiert Einheit, Ernte und Dankbarkeit für die Fülle des Lebens.

Moderne Anwendungen und ihre Bedeutung

Auch in der modernen Welt haben Rituale und Praktiken rund um den Vollmond weiterhin eine Bedeutung. Viele Menschen nutzen den Vollmond als Zeitpunkt für persönliche Reflexion, Meditation und spirituelle Praktiken. Sie glauben, dass der Vollmond eine verstärkte Energie und eine Zeit der Manifestation und Transformation bietet.

Darüber hinaus gibt es moderne Anwendungen des Vollmonds in Bereichen wie Wellness und Selbstpflege. Mondbäder, Mondmeditationen und Vollmond-Yoga-Sitzungen werden immer beliebter und dienen dazu, Körper, Geist und Seele zu reinigen und zu regenerieren.

Die Bedeutung von Mondritualen in der heutigen Gesellschaft

Die Bedeutung von Mondritualen in der heutigen Gesellschaft liegt nicht nur in ihrem spirituellen oder kulturellen Wert, sondern auch in ihrer Fähigkeit, uns mit der Natur und den natürlichen Rhythmen des Universums zu verbinden. In einer zunehmend hektischen und technologieorientierten Welt können Mondrituale dazu beitragen, uns zu erden und eine tiefere Verbindung zu uns selbst und unserer Umwelt herzustellen.

Darüber hinaus bieten Mondrituale eine Möglichkeit der Selbstfürsorge und Selbstreflexion, die es uns ermöglicht, unsere Bedürfnisse und Wünsche zu erkennen und ihnen Ausdruck zu verleihen. Indem wir den Vollmond feiern und seine Energie nutzen, können wir unsere Absichten setzen, uns von alten Belastungen befreien und uns auf den Weg der persönlichen Entwicklung begeben.

Zusammenfassung

Die Rituale und Bräuche rund um den Vollmond haben eine lange und vielfältige Geschichte, die bis in die frühesten Zeiten der menschlichen Zivilisation zurückreicht. Ob traditionell oder modern, diese Rituale und Praktiken reflektieren die tief verwurzelte Faszination und Verehrung für den Vollmond und seine mystische Kraft. Indem wir uns an diesen Traditionen beteiligen und ihre Bedeutung in unser Leben integrieren, können wir uns mit der Schönheit und Magie des Universums verbinden und unsere eigene spirituelle Reise bereichern.

Wissenschaftliche Kontroversen: Diskussion um die Existenz von Mondkräften - der Stand der Forschung und offene Fragen

Die Frage nach der Existenz von Mondkräften und ihrem Einfluss auf das Leben auf der Erde hat in der wissenschaftlichen Gemeinschaft seit langem kontroverse Diskussionen ausgelöst. Während einige Forscher und Anhänger alternativer Theorien fest davon überzeugt sind, dass der Mond subtile Energien und Einflüsse auf die Erde und ihre Bewohner ausübt, stehen andere dieser Idee skeptisch gegenüber und betrachten sie als pseudowissenschaftliche Spekulation. Ein Blick auf den aktuellen Stand der Forschung und die offenen Fragen in diesem Bereich bietet Einblicke in die Komplexität dieses Themas.

Der Stand der Forschung

Bisher gibt es keine überzeugenden wissenschaftlichen Beweise für die Existenz von Mondkräften im herkömmlichen Sinne. Die meisten Studien, die den Einfluss des Mondes auf die Erde untersuchen, konzentrieren sich auf die Gezeiten und den Einfluss auf das Wasser, da dieser Effekt aufgrund der Gravitationskraft des Mondes gut dokumentiert ist.

41

In Bezug auf andere potenzielle Einflüsse des Mondes auf das Leben auf der Erde, wie etwa auf das menschliche Verhalten oder den Pflanzenwuchs, sind die Ergebnisse der Forschung gemischt und oft widersprüchlich. Einige Studien deuten auf einen Zusammenhang hin, während andere keine signifikanten Effekte feststellen können.

Offene Fragen und kontroverse Diskussionen

Eine der größten Herausforderungen bei der Erforschung von Mondkräften liegt in der Vielzahl von Faktoren, die das Leben auf der Erde beeinflussen, sowie in der Komplexität der Wechselwirkungen zwischen diesen Faktoren. Es ist schwierig, den Einfluss des Mondes isoliert von anderen Umwelt- und sozialen Einflüssen zu untersuchen und die Ergebnisse eindeutig zu interpretieren.

Darüber hinaus gibt es in der wissenschaftlichen Gemeinschaft unterschiedliche Ansichten darüber, wie stark der Einfluss des Mondes tatsächlich sein könnte und welche Mechanismen diesem Einfluss zugrunde liegen könnten. Einige Forscher schlagen vor, dass subtile energetische Effekte des Mondes, die bisher nicht vollständig verstanden werden, eine Rolle spielen könnten, während andere diese Idee als unwissenschaftlich ablehnen.

Zukünftige Forschungsperspektiven

Trotz der kontroversen Diskussionen und der begrenzten wissenschaftlichen Beweise bleibt das Thema der Mondkräfte ein faszinierendes und lohnendes Forschungsgebiet. Zukünftige Studien könnten sich darauf konzentrieren, die potenziellen Mechanismen hinter dem vermeintlichen Einfluss des Mondes auf das Leben auf der Erde genauer zu untersuchen und zu verstehen.

Darüber hinaus könnten interdisziplinäre Ansätze, die Erkenntnisse aus Bereichen wie Physik, Biologie, Psychologie und Anthropologie kombinieren, dazu beitragen, ein umfassenderes Bild davon zu erhalten, wie der Mond das Leben auf der Erde beeinflusst, und welche Rolle er in unserem Universum spielt.

Zusammenfassung

Die Diskussion um die Existenz von Mondkräften bleibt ein faszinierendes und kontroverses Thema in der wissenschaftlichen Gemeinschaft. Während einige Forscher und Anhänger alternativer Theorien davon überzeugt sind, dass der Mond subtile Energien und Einflüsse auf die Erde ausübt, stehen andere dieser Idee skeptisch gegenüber und betrachten sie als pseudowissenschaftliche Spekulation. Trotz der begrenzten wissenschaftlichen Beweise und der kontroversen Diskussionen bleibt das Thema der Mondkräfte ein faszinierendes und lohnendes Forschungsgebiet, das weitere Untersuchungen erfordert, um seine Geheimnisse zu entschlüsseln.

Mondlandungen und wissenschaftlicher Fortschritt: Einfluss der Mondforschung auf die Wissenschaft - die technologische Entwicklungen durch Raumfahrtmissionen

Die Mondlandungen markieren einen Meilenstein in der Geschichte der Raumfahrt und haben nicht nur die menschliche Vorstellungskraft beflügelt, sondern auch einen tiefgreifenden Einfluss auf den wissenschaftlichen Fortschritt und die technologische Entwicklung gehabt. Von den ersten Schritten des Menschen auf dem Mond bis hin zu den bahnbrechenden Entdeckungen und Innovationen, die aus den Raumfahrtmissionen hervorgegangen sind, hat die Mondforschung die Grenzen des menschlichen Wissens erweitert und neue Horizonte eröffnet.

Die ersten Schritte auf dem Mond

Am 20. Juli 1969 betraten Neil Armstrong und Buzz Aldrin als erste Menschen die Oberfläche des Mondes, ein historischer Moment, der die Welt in Staunen versetzte. Die Mondlandungen der Apollo-Missionen waren nicht nur ein technologischer Triumph, sondern auch ein Symbol für den menschlichen Ehrgeiz und die Entschlossenheit, das Unmögliche zu erreichen.

Die wissenschaftlichen Erkenntnisse, die aus den Apollo-Missionen gewonnen wurden, waren vielfältig und umfassend. Astronauten sammelten Gesteinsproben, installierten wissenschaftliche Instrumente und führten Experimente durch, um die Geologie, Geophysik und Atmosphäre des Mondes zu untersuchen. Diese Erkenntnisse haben unser Verständnis des Mondes und seiner Entstehungsgeschichte revolutioniert und grundlegende Fragen über die Entstehung unseres Sonnensystems beantwortet.

Technologische Entwicklungen und Innovationen

Die Mondlandungen haben nicht nur zu wissenschaftlichen Erkenntnissen geführt, sondern auch zahlreiche technologische Entwicklungen und Innovationen hervorgebracht, die weit über das Raumfahrtprogramm hinausgehen. Von der Entwicklung neuer Materialien und Technologien für Raumfahrzeuge bis hin zur Verbesserung von Computern und Kommunikationssystemen haben die Herausforderungen der Mondlandungen dazu beigetragen, die Grenzen der menschlichen Ingenieurskunst zu erweitern.

Ein herausragendes Beispiel für den technologischen Fortschritt durch die Mondforschung ist die Entwicklung von integrierten Schaltkreisen und Mikrochips. Die Notwendigkeit, Computer und Kommunikationssysteme für die Raumfahrt zu miniaturisieren und zu verbessern, führte zur Entwicklung von neuen Technologien, die später in vielen Bereichen des täglichen Lebens Anwendung fanden, von Unterhaltungselektronik bis hin zu medizinischen Geräten.

Das Erbe der Mondlandungen

Obwohl die Ära der bemannten Mondlandungen vorüber ist, ist ihr Erbe lebendig geblieben und hat eine dauerhafte Wirkung auf die Wissenschaft und die menschliche Gesellschaft gehabt. Die Mondforschung hat nicht nur unser Verständnis des Mondes und des Weltraums vertieft, sondern auch dazu beigetragen, neue Technologien und Innovationen voranzutreiben, die das Leben auf der Erde verbessern und die Menschheit in eine vielversprechende Zukunft führen.

Zusammenfassung

Die Mondlandungen haben nicht nur Geschichte geschrieben, sondern auch den wissenschaftlichen Fortschritt und die technologische Entwicklung maßgeblich beeinflusst. Von den ersten Schritten auf dem Mond bis hin zu den zahlreichen Innovationen und Entdeckungen, die aus den Raumfahrtmissionen hervorgegangen sind, hat die Mondforschung die Menschheit auf eine Reise in die unendlichen Weiten des Universums mitgenommen und dabei neue Horizonte des Wissens und der Erkenntnis eröffnet.

Kunst und Literatur: Die Faszination des Vollmonds

Der Vollmond hat seit jeher eine tiefe Faszination auf Künstler und Schriftsteller ausgeübt und wurde in Kunstwerken und literarischen Werken auf vielfältige Weise dargestellt. Seine mystische Schönheit, seine symbolische Bedeutung und sein Einfluss auf die menschliche Vorstellungskraft haben zahlreiche Kreative inspiriert und zu künstlerischen Meisterwerken geführt, die die zeitlose Anziehungskraft des Mondes einfangen.

Die Darstellung des Vollmonds in der Kunst

In der Kunstgeschichte hat der Vollmond eine lange Tradition als Motiv in Gemälden, Skulpturen und anderen künstlerischen Medien. Künstler haben den Vollmond auf unterschiedliche Weise dargestellt, von realistischen Landschaftsdarstellungen bis hin zu abstrakten Interpretationen seiner Form und Farbe.

Einige der berühmtesten Gemälde, die den Vollmond zeigen, stammen von Künstlern wie Vincent van Gogh, Caspar David Friedrich und Claude Monet. Diese Künstler haben den Vollmond als zentrales Element in ihren Werken verwendet, um

Stimmungen einzufangen, Landschaften zu beleuchten und metaphorische Bedeutungen zu vermitteln.

Der Einfluss des Vollmonds auf Schriftsteller

Auch in der Literatur hat der Vollmond eine wichtige Rolle gespielt und wurde von Schriftstellern auf der ganzen Welt als Quelle der Inspiration und als Symbol für verschiedene Themen und Motive verwendet. Von romantischen Liebesgedichten bis hin zu düsteren Horrorgeschichten hat der Vollmond eine Vielzahl von literarischen Werken beeinflusst.

In der Poesie wird der Vollmond oft als Symbol für Romantik, Sehnsucht und Mystik verwendet. Dichter wie William Shakespeare, Emily Dickinson und Rainer Maria Rilke haben den Vollmond in ihren Gedichten als Metapher für die menschliche Erfahrung von Liebe, Verlust und Einsamkeit genutzt.

Die zeitlose Anziehungskraft des Mondes

Die Faszination des Vollmonds in Kunst und Literatur ist ein Zeugnis für seine zeitlose Anziehungskraft und seine universelle Bedeutung für die menschliche Erfahrung. Durch seine poetische Schönheit, seine symbolische Bedeutung und seinen metaphorischen Reichtum hat der Vollmond Künstler und Schriftsteller auf der ganzen Welt inspiriert und wird auch weiterhin eine unerschöpfliche Quelle der Kreativität und des Staunens sein.

Zusammenfassung

Die Darstellung des Vollmonds in Kunst und Literatur ist ein faszinierendes Thema, das die vielfältigen Facetten der menschlichen Vorstellungskraft und Kreativität widerspiegelt. Von den eindrucksvollen Gemälden der alten Meister bis hin zu den zeitgenössischen literarischen Werken zeigt die Faszination des Vollmonds die zeitlose Anziehungskraft dieses himmlischen Phänomens und seine tiefgreifende Bedeutung für die menschliche Kultur und Spiritualität.

Vollmondphänomene in verschiedenen Kulturen: Die kulturelle Vielfalt in der Interpretation

Der Vollmond hat seit jeher eine wichtige Rolle in den Traditionen und Bräuchen verschiedener Kulturen auf der ganzen Welt gespielt. Von spirituellen Ritualen bis hin zu festlichen Feiern spiegeln die Vollmondphänomene die Vielfalt menschlicher Erfahrungen und Interpretationen wider, die durch die einzigartige kulturelle Prägung jeder Gesellschaft geprägt sind.

Der Vollmond in spirituellen Praktiken

In vielen indigenen Kulturen wird der Vollmond als spirituell bedeutend angesehen und ist Gegenstand von Ritualen und Zeremonien, die darauf abzielen, die Verbindung zu den Kräften der Natur zu stärken und spirituelle Erleuchtung zu erlangen. In einigen Kulturen werden Vollmondrituale durchgeführt, um die Geister der Vorfahren zu ehren oder um Segen für zukünftige Ernten zu erbitten.

Festliche Feiern und Traditionen

Auch in modernen Gesellschaften wird der Vollmond oft als Gelegenheit für festliche Feiern und Traditionen genutzt, die tief in die kulturelle Identität einer Gemeinschaft eingebettet sind. Zum Beispiel wird das chinesische Mondfest, das während des Vollmonds im Herbst gefeiert wird, als Gelegenheit angesehen, um Dankbarkeit für die Ernte zu zeigen und die Einheit der Familie zu feiern.

In anderen Kulturen werden Vollmondfeiern genutzt, um besondere Ereignisse wie Hochzeiten, Geburten oder religiöse Feiertage zu markieren. Diese Feiern sind oft von Musik, Tanz, Festmählern und traditionellen Ritualen begleitet, die die Bedeutung des Vollmonds als Zeit des Wachstums, der Fülle und des Übergangs hervorheben.

Mythologie und Folklore

Der Vollmond ist auch ein häufiges Motiv in der Mythologie und Folklore vieler Kulturen und wird oft mit göttlichen Figuren, mystischen Wesen und magischen Kräften in Verbindung gebracht. In einigen Kulturen wird der Vollmond als Symbol für Fruchtbarkeit, Weisheit oder spirituelle Erleuchtung verehrt, während in anderen Kulturen Aberglauben und Mythen um den Vollmond existieren, die ihn mit Hexerei, Wahnsinn oder Unglück in Verbindung bringen.

Die universelle Bedeutung des Vollmonds

Trotz der vielfältigen Interpretationen und Bräuche, die mit dem Vollmond verbunden sind, gibt es eine universelle Bedeutung, die über kulturelle Grenzen hinweg besteht. Der Vollmond steht oft als Symbol für Transformation, Erneuerung und das Licht in der Dunkelheit, das Hoffnung und Trost spendet. In jeder Kultur mag die Art und Weise, wie der Vollmond verehrt und gefeiert wird, unterschiedlich sein, aber seine mystische Schönheit und symbolische Bedeutung sind ein verbindendes Element, das die Menschheit seit Jahrtausenden fasziniert und inspiriert.

Mondmythen und Legenden: Gemeinsamkeiten und Unterschiede

Die Menschheit hat seit Jahrtausenden eine tiefe Faszination für den Mond gehegt und ihn in zahlreichen Mythen und Legenden verehrt. Diese Erzählungen spiegeln die kulturellen Überzeugungen, Wertvorstellungen und Weltanschauungen verschiedener Gesellschaften wider und bieten Einblicke in die menschliche Vorstellungskraft und Spiritualität.

Der Mond als göttliche Gestalt

In vielen Kulturen wird der Mond als göttliche oder mythische Gestalt verehrt und mit verschiedenen Gottheiten, Göttinnen oder Helden in Verbindung gebracht. Zum Beispiel wird der Mond in der griechischen Mythologie mit der Göttin Selene oder dem Gott Artemis assoziiert, während in der ägyptischen Mythologie der Mond mit dem Gott Thor oder der Göttin Isis in Verbindung gebracht wird.

Trotz dieser Unterschiede gibt es Gemeinsamkeiten in der Art und Weise, wie der Mond als göttliche Gestalt verehrt wird. In vielen Kulturen wird der Mond als eine Quelle von Licht, Weisheit und Fruchtbarkeit angesehen und wird oft mit weiblichen Eigenschaften wie Schönheit, Mütterlichkeit und Intuition in Verbindung gebracht.

Der Mond als Symbol für Zyklus und Wandel

Eine weitere gemeinsame Vorstellung in Mondmythen ist die Betonung des Mondes als Symbol für Zyklus und Wandel. Der Mondzyklus, der sich von Neumond über Vollmond bis hin zu Neumond erstreckt, wird oft als Metapher für die verschiedenen Phasen des Lebens, der Natur und des Universums interpretiert.

In vielen Kulturen werden Mondmythen erzählt, die den Wechsel der Jahreszeiten, den Kreislauf von Leben und Tod oder die Dynamik von Licht und Dunkelheit reflektieren. Diese Erzählungen betonen oft die Idee der Erneuerung, des Wachstums und der Transformation, die mit dem Zyklus des Mondes verbunden sind.

Regionale Variationen und kulturelle Einflüsse

Trotz dieser gemeinsamen Themen und Motive gibt es auch regionale Variationen und kulturelle Einflüsse, die die Art und Weise beeinflussen, wie der Mond in verschiedenen Kulturen wahrgenommen und verehrt wird. Zum Beispiel können geografische Gegebenheiten wie das Klima, die Landschaft oder die Verfügbarkeit von Ressourcen die Entstehung bestimmter Mondmythen beeinflussen.

Darüber hinaus können historische Ereignisse, politische Entwicklungen oder religiöse Überzeugungen dazu beitragen, die Interpretation des Mondes in einer bestimmten Kultur zu formen und zu prägen. Diese Vielfalt und Komplexität von Mondmythen spiegeln die reiche kulturelle Erbe der Menschheit wider und bieten Einblicke in die Vielschichtigkeit menschlicher Erfahrungen und Überzeugungen.

Zusammenfassung

Die Untersuchung von Mondmythen in verschiedenen Kulturen offenbart eine faszinierende Vielfalt von Vorstellungen, Motiven und Symbolen, die die Menschheit seit Jahrtausenden faszinieren und inspirieren. Trotz der Unterschiede in den Details und Interpretationen gibt es gemeinsame Themen und Motive, die die universelle Bedeutung des Mondes als Quelle von Licht, Leben und spiritueller Erkenntnis hervorheben. Mondmythen bieten nicht nur Einblicke in die kulturelle Vielfalt der Menschheit, sondern auch in die tief verwurzelten Sehnsüchte und Hoffnungen, die uns als menschliche Gemeinschaft verbinden.

Mondfinsternisse und ihre Wirkung: Erklärung von Mondfinsternissen - historische Reaktionen und Interpretationen

Mondfinsternisse haben die Menschheit seit jeher fasziniert und waren Gegenstand zahlreicher kultureller Interpretationen und Reaktionen. Diese natürlichen astronomischen Ereignisse, bei denen der Mond vollständig oder teilweise durch den Erdschatten verdeckt wird, haben im Laufe der Geschichte verschiedene kulturelle, religiöse und wissenschaftliche Bedeutungen erhalten.

Erklärung von Mondfinsternissen

Eine Mondfinsternis tritt ein, wenn die Erde sich zwischen Sonne und Mond befindet und der Schatten der Erde den Mond vollständig oder teilweise verdunkelt. Dies geschieht nur während des Vollmonds, wenn Sonne, Erde und Mond in einer Linie stehen. Während einer Mondfinsternis kann der Mond eine rötliche Färbung annehmen, die auf die Streuung von Sonnenlicht in der Erdatmosphäre zurückzuführen ist.

Obwohl Mondfinsternisse im Vergleich zu Sonnenfinsternissen weniger dramatisch erscheinen, haben sie dennoch eine bedeutende kulturelle und symbolische Bedeutung und haben im Laufe der Geschichte verschiedene Interpretationen hervorgerufen.

Historische Reaktionen und Interpretationen

In antiken Kulturen wurden Mondfinsternisse oft als Zeichen göttlichen Zorns oder bevorstehender Katastrophen interpretiert. In vielen Kulturen wurden während einer Mondfinsternis Rituale durchgeführt, um die Götter zu besänftigen oder um das Ende der Finsternis herbeizuführen.

Die alten Griechen glaubten, dass Mondfinsternisse ein schlechtes Omen waren und oft mit politischen Umwälzungen oder Naturkatastrophen in Verbindung gebracht wurden. Ähnlich interpretierten auch andere Kulturen, wie die Maya oder die alten Ägypter, Mondfinsternisse als Vorboten von Unglück oder Veränderung.

Im Laufe der Geschichte haben sich jedoch auch wissenschaftliche Erklärungen für Mondfinsternisse entwickelt. Bereits in der Antike erkannten Gelehrte wie Aristoteles die natürlichen Ursachen von Mondfinsternissen und konnten sie auf die Bewegung von Sonne, Erde und Mond zurückführen. Dennoch blieben kulturelle und religiöse Interpretationen von Mondfinsternissen weit verbreitet und prägten das kollektive Bewusstsein vieler Gesellschaften.

Moderne Bedeutung und wissenschaftliches Verständnis

Heute verstehen wir Mondfinsternisse als natürliche astronomische Phänomene, die durch die relative Position von Sonne, Erde und Mond entstehen. Sie sind Gegenstand wissenschaftlicher Untersuchungen und werden von Astronomen genutzt, um die Bewegung und Dynamik des Sonnensystems zu erforschen.

Dennoch haben Mondfinsternisse nach wie vor eine kulturelle und symbolische Bedeutung und faszinieren die Menschheit durch ihre Schönheit und geheimnisvolle Erscheinung. Sie dienen als Erinnerung an die Wunder und Rätsel des Universums und regen dazu an, über die tiefere Bedeutung von Naturphänomenen und unsere Position im Kosmos nachzudenken.

Zusammenfassung

Mondfinsternisse sind nicht nur astronomische Ereignisse, sondern auch kulturelle und symbolische Symbole, die die Menschheit seit Jahrhunderten faszinieren und inspirieren. Ihre historischen Reaktionen und Interpretationen spiegeln die Vielschichtigkeit menschlicher Erfahrungen und Überzeugungen wider und bieten Einblicke in die enge Verbindung zwischen Mensch und Kosmos. Trotz des wissenschaftlichen Verständnisses bleiben Mondfinsternisse eine Quelle der Bewunderung und des Staunens, die unser Verständnis des Universums und unserer eigenen Existenz bereichern.

Mondmystik in der Popkultur: Einfluss des Vollmonds in Film, Musik und Popkultur

Der Vollmond hat seit langem eine faszinierende Rolle in der Popkultur gespielt, und seine mystische Aura hat zahlreiche Künstler und Kreative inspiriert. Von Filmen über Musik bis hin zu Literatur und Kunst finden sich zahlreiche popkulturelle Referenzen, die den Vollmond als Symbol für Geheimnis, Romantik und spirituelle Transformation verwenden.

Der Vollmond im Film

Der Vollmond hat eine lange Geschichte als dramatisches Element in Filmen. Er wird oft verwendet, um eine Atmosphäre der Spannung, des Mysteriums oder der Bedrohung zu schaffen. In Horrorfilmen wird der Vollmond oft mit Werwölfen in Verbindung gebracht, wobei die Verwandlung bei Vollmond eine zentrale Rolle spielt. Ein bekanntes Beispiel hierfür ist der Film ›The Wolfman‹, der das Motiv des Vollmonds als Auslöser für die Verwandlung des Protagonisten in einen Werwolf nutzt.

Aber nicht nur im Horrorfilm hat der Vollmond seinen Platz. In romantischen Filmen wird der Vollmond oft als romantisches Symbol verwendet, das die Stimmung und Emotionen der Charaktere verstärkt. Ein ikonisches Beispiel hierfür ist die berühmte Szene aus dem Film ›Titanic‹, in der Jack und Rose auf dem Deck des Schiffes stehen und sich unter dem Licht des Vollmonds näherkommen.

Der Vollmond in der Musik

Auch in der Musik findet sich die Mystik des Vollmonds wieder. Zahlreiche Lieder und Musikstücke verwenden den Vollmond als Metapher für Liebe, Sehnsucht oder spirituelle Erleuchtung. In verschiedenen Musikgenres, von Rock über Jazz bis hin zu Pop, finden sich Songs, die den Vollmond besingen oder seine symbolische Bedeutung aufgreifen.

Ein bekanntes Beispiel ist der Song ›Bad Moon Rising‹ von Creedence Clearwater Revival, der den Vollmond als Vorboten von Unheil und Veränderung beschreibt. Auch in der Klassik hat der Vollmond seinen Platz, wie in Beethovens berühmter ›Mondscheinsonate‹, die die romantische und geheimnisvolle Atmosphäre des nächtlichen Mondlichts einfängt.

Der Vollmond in der Popkultur

Neben Film und Musik findet sich die Mystik des Vollmonds auch in anderen Bereichen der Popkultur, wie Literatur, Kunst und Mode. In literarischen Werken wird der Vollmond oft als Symbol für Erleuchtung oder spirituelle Transformation verwendet, während Künstler den Vollmond in ihren Werken als

Motiv für Landschaften, Porträts oder abstrakte Kunstwerke nutzen.

Auch in der Modeindustrie hat der Vollmond seinen Platz gefunden, wo er als Designelement auf Kleidung, Schmuck oder Accessoires verwendet wird. Von Mondphasen-Mustern bis hin zu Schmuckstücken in Mondform finden sich zahlreiche popkulturelle Referenzen, die die Faszination für den Vollmond widerspiegeln.

Zusammenfassung

Die Mondmystik in der Popkultur ist ein faszinierendes Phänomen, das die menschliche Vorstellungskraft seit Jahrhunderten inspiriert hat. Durch Filme, Musik, Kunst und Mode wird der Vollmond als Symbol für Geheimnis, Romantik und spirituelle Erleuchtung verwendet, und seine mystische Aura bleibt eine Quelle der Faszination und Inspiration für Künstler und Kreative auf der ganzen Welt.

Vollmond und Naturkatastrophen: Mythen und Realität

Der Vollmond hat im Laufe der Geschichte oft mit Naturkatastrophen in Verbindung gebracht. Von Überschwemmungen über Erdbeben bis hin zu Stürmen ranken sich zahlreiche Mythen und Legenden um die angebliche Verbindung zwischen dem Vollmond und dem Auftreten von Katastrophen. Doch was ist Mythos und was Realität? Eine Erforschung möglicher Zusammenhänge zwischen dem Vollmond und Naturkatastrophen bietet interessante Einblicke.

Mythen und Überlieferungen

In vielen Kulturen weltweit existieren Geschichten und Überlieferungen, die behaupten, dass der Vollmond das Auftreten von Naturkatastrophen wie Erdbeben, Stürmen oder Überschwemmungen beeinflusst. Diese Vorstellungen basieren oft auf der Beobachtung, dass Naturereignisse manchmal mit dem Vollmond zusammenfallen oder sich während dieser Phase häufen.

Beispielsweise glaubten die alten Griechen, dass der Vollmond das Auftreten von Erdbeben beeinflusste, und in der chinesischen Kultur wurde der Vollmond oft mit Überschwemmungen in Verbindung gebracht. Solche Überlieferungen prägten das kollektive Bewusstsein vieler Gesellschaften und führten zu einer Verbindung zwischen dem Vollmond und Naturkatastrophen.

Wissenschaftliche Erkenntnisse

Trotz dieser verbreiteten Vorstellungen gibt es bisher keine wissenschaftlichen Beweise dafür, dass der Vollmond tatsächlich das Auftreten von Naturkatastrophen beeinflusst. Zahlreiche Studien haben gezeigt, dass es keinen signifikanten Zusammenhang zwischen dem Vollmond und dem Auftreten von Erdbeben, Stürmen oder anderen Katastrophen gibt.

Die meisten Naturkatastrophen werden durch komplexe geophysikalische Prozesse verursacht, die unabhängig von der Position des Mondes stattfinden. Erdbeben werden beispielsweise durch tektonische Verschiebungen in der Erdkruste verursacht, während Stürme durch atmosphärische Bedingungen wie Temperaturunterschiede und Luftdruckgradienten entstehen.

Interpretation und kulturelle Einflüsse

Dennoch bleiben die Vorstellungen von einem Zusammenhang zwischen dem Vollmond und Naturkatastrophen in vielen Kulturen weit verbreitet. Diese Interpretationen basieren oft auf kulturellen Traditionen, Überlieferungen und dem menschlichen Bedürfnis, Naturphänomene zu erklären und zu verstehen.

Die Faszination für den Vollmond und seine vermeintliche Verbindung zu Naturkatastrophen spiegelt auch tiefere kulturelle Ängste und Hoffnungen wider. In Zeiten von Unsicherheit und Krisen suchen Menschen oft nach Erklärungen und Mustern, die ihnen Sicherheit und Trost bieten können, auch wenn diese auf irrationalen oder falschen Vorstellungen beruhen.

Zusammenfassung

Die Erforschung möglicher Zusammenhänge zwischen dem Vollmond und Naturkatastrophen zeigt die komplexe Beziehung zwischen Wissenschaft, Mythos und kultureller Vorstellungskraft. Während es keine wissenschaftlichen Beweise für eine tatsächliche Verbindung gibt, bleiben die Vorstellungen von einem Einfluss des Vollmonds auf Naturereignisse in vielen Kulturen lebendig. Diese Mythen und Überlieferungen bieten nicht nur Einblicke in die menschliche Psyche, sondern auch in die Vielfalt und Komplexität kultureller Interpretationen von Naturphänomenen.

Vollmond heute: Einfluss in der modernen Gesellschaft

Der Vollmond hat auch in der modernen Gesellschaft eine besondere Anziehungskraft und wirkt weiterhin auf vielfältige Weise auf Menschen ein. Insbesondere in der Medienberichterstattung und der öffentlichen Wahrnehmung spielt der Vollmond eine interessante Rolle, die verschiedene Debatten und Diskussionen hervorruft.

Die Medienberichterstattung

In den Medien wird der Vollmond oft als faszinierendes und mystisches Phänomen dargestellt. Vor allem in der Fotografie und im Film wird seine Schönheit und geheimnisvolle Ausstrahlung eingefangen und auf vielfältige Weise präsentiert. Vollmondnächte werden oft als romantisch, magisch oder sogar beängstigend inszeniert und finden Eingang in verschiedene Formen der Unterhaltung.

Darüber hinaus werden manchmal auch kontroverse Themen im Zusammenhang mit dem Vollmond in den Medien diskutiert. Zum Beispiel werden Berichte über angebliche Auswirkungen des Vollmonds auf das menschliche Verhalten oder auf Naturphänomene oft kontrovers diskutiert und können zu hitzigen Debatten führen.

Öffentliche Wahrnehmung

Die öffentliche Wahrnehmung des Vollmonds ist vielfältig und oft von kulturellen und persönlichen Überzeugungen geprägt. Einige Menschen betrachten den Vollmond als inspirierendes und spirituelles Phänomen, das eine Verbindung zur Natur und zum Kosmos herstellt. Andere wiederum sehen den Vollmond eher nüchtern als astronomisches Ereignis ohne besondere Bedeutung.

In der modernen Gesellschaft gibt es auch eine zunehmende wissenschaftliche Neugierde bezüglich des Vollmonds. Wissenschaftliche Studien untersuchen mögliche Auswirkungen des Vollmonds auf den menschlichen Schlaf, das Verhalten von Tieren oder sogar auf das Wetter, was zu interessanten Diskussionen und Debatten führen kann.

Aktuelle Debatten und Diskussionen

Aktuelle Debatten und Diskussionen im Zusammenhang mit dem Vollmond können eine Vielzahl von Themen umfassen, von der Umweltverschmutzung bis hin zu spirituellen Praktiken. Zum Beispiel wird über die Auswirkungen von Lichtverschmutzung auf die Sichtbarkeit des Vollmonds diskutiert, oder es gibt Debatten über den Schutz von Wildtieren vor den möglichen negativen Auswirkungen des Vollmonds.

Darüber hinaus können auch Fragen der öffentlichen Sicherheit im Zusammenhang mit Veranstaltungen oder Traditionen während des Vollmonds diskutiert werden. Zum Beispiel gibt es Diskussionen darüber, wie man mit großen Menschenansammlungen während Vollmondfeiern umgeht oder wie man die potenziellen Risiken von Vollmondritualen minimiert.

Zusammenfassung

In der modernen Gesellschaft bleibt der Vollmond ein faszinierendes und vielschichtiges Phänomen, das eine breite Palette von Debatten und Diskussionen hervorruft. Durch die Medienberichterstattung und die öffentliche Wahrnehmung wird der Vollmond sowohl als inspirierendes Naturphänomen als auch als Gegenstand kontroverser Diskussionen wahrgenommen. Seine Bedeutung und sein Einfluss in der modernen Gesellschaft reflektieren die vielfältigen Interessen, Überzeugungen und Wertvorstellungen einer zunehmend globalisierten Welt.

Zukünftige Forschungsperspektiven: Offene Fragen und zu erforschende Bereiche

Die Erforschung des Vollmonds und seiner Auswirkungen auf die Erde hat bereits zu bedeutenden Erkenntnissen geführt, doch es bleiben viele Fragen offen und neue Bereiche warten darauf, erforscht zu werden. Im Bereich der Mondforschung gibt es zahlreiche offene Fragen und vielversprechende Ansätze für zukünftige Forschungsprojekte, die durch technologische Entwicklungen vorangetrieben werden können.

Entwicklung neuer Technologien

Eine vielversprechende Perspektive für zukünftige Mondforschung liegt in der Entwicklung neuer Technologien, die es ermöglichen, den Mond und seine Oberfläche genauer zu untersuchen. Fortschritte in der Raumfahrttechnologie, wie verbesserte Raumsonden und Rover, könnten es Forschern ermöglichen, bisher unzugängliche Gebiete des Mondes zu erforschen und neue Erkenntnisse über seine Entstehungsgeschichte und geologische Beschaffenheit zu gewinnen.

Erforschung der Mondatmosphäre

Ein weiterer vielversprechender Bereich für zukünftige Forschung ist die Erforschung der Mondatmosphäre und ihrer Auswirkungen auf die Umwelt des Mondes. Durch den Einsatz von Satelliten und Sensoren könnten Wissenschaftler die Zusammensetzung und Dynamik der Mondatmosphäre genauer untersuchen und mögliche Verbindungen zu Phänomenen wie Mondbeben oder elektrostatischer Aufladung erforschen.

Untersuchung des Mondgesteins

Die Analyse von Mondgestein ist ein wichtiger Bestandteil der Mondforschung und könnte neue Erkenntnisse über die geologische Geschichte des Mondes liefern. Zukünftige Missionen könnten Proben von verschiedenen Orten auf dem Mond sammeln und zurück zur Erde bringen, wo sie dann mit modernsten Analysemethoden untersucht werden könnten, um Einblicke in die Entstehung und Entwicklung des Mondes zu gewinnen.

Erforschung von Wasserressourcen

Die Suche nach Wasserressourcen auf dem Mond ist von besonderem Interesse für zukünftige Mondmissionen und die Entwicklung von Weltraumtechnologien. Wasser könnte nicht nur als Ressource für zukünftige bemannte Mondmissionen dienen, sondern auch als potenzielle Quelle für die Herstellung von Treibstoffen und anderen wichtigen Materialien im Weltraum.

Interdisziplinäre Zusammenarbeit

Um diese und andere Fragen der Mondforschung zu beantworten, ist eine interdisziplinäre Zusammenarbeit zwischen verschiedenen wissenschaftlichen Disziplinen erforderlich. Astronomen, Geologen, Atmosphärenforscher und Ingenieure müssen zusammenarbeiten, um ein umfassendes Verständnis des Mondes und seiner Rolle im Sonnensystem zu entwickeln.

Zusammenfassung

Die Zukunft der Mondforschung ist vielversprechend, und es gibt viele spannende Möglichkeiten für zukünftige Forschungsprojekte und technologische Entwicklungen. Durch die Entwicklung neuer Technologien, die Erforschung der Mondatmosphäre, die Untersuchung von Mondgestein und die Suche nach Wasserressourcen können Wissenschaftler neue Erkenntnisse über den Mond gewinnen und unser Verständnis des Sonnensystems vertiefen. Durch interdisziplinäre Zusammenarbeit und den Einsatz modernster Technologien könnten wir in den kommenden Jahren viele der offenen Fragen der Mondforschung beantworten und neue Erkenntnisse über unseren kosmischen Nachbarn gewinnen.

Erkenntnis: Zusammenfassung und Ausblick

Die Reise durch die vielschichtige Welt des Vollmonds hat zu einer Fülle von Erkenntnissen geführt und zahlreiche interessante Aspekte seines Einflusses auf die Erde und die menschliche Kultur beleuchtet. In diesem abschließenden Kapitel wollen wir die wichtigsten Erkenntnisse zusammenfassen und einen Ausblick darauf werfen, welche Fragen und Forschungsbereiche zukünftige Diskussionen und Untersuchungen prägen könnten.

Zusammenfassung der Erkenntnisse

Während der Erkundung des Phänomens des Vollmonds haben wir gelernt, dass seine Wirkung weit über das bloße Aufleuchten am Nachthimmel hinausgeht. Mondphasen beeinflussen die Gezeiten der Meere und haben kulturelle, psychologische und sogar biologische Auswirkungen. Die menschliche Geschichte ist reich an Mythen und Überlieferungen rund um den Vollmond, die unsere Wahrnehmung und Interpretation dieses Himmelskörpers geprägt haben.

Wir haben gesehen, dass die wissenschaftliche Erforschung des Vollmonds ein breites Spektrum von Disziplinen umfasst, von der Astronomie über die Geologie bis hin zur Psychologie.

Moderne Technologien ermöglichen es uns, den Mond genauer zu untersuchen als je zuvor und neue Erkenntnisse über seine Entstehung, Struktur und Entwicklung zu gewinnen.

Ausblick auf zukünftige Diskussionen und Forschungen

Trotz der Fülle an Erkenntnissen, die wir über den Vollmond gesammelt haben, bleiben viele Fragen offen und neue Forschungsbereiche warten darauf, erforscht zu werden. Zukünftige Diskussionen könnten sich auf die Suche nach Wasserressourcen auf dem Mond, die Erforschung seiner Atmosphäre und die Analyse von Mondgestein konzentrieren. Auch die Auswirkungen des Vollmonds auf die menschliche Gesundheit und das Verhalten könnten weiterhin ein Thema intensiver Forschung sein.

Darüber hinaus könnten zukünftige Forschungen neue Einsichten in die kulturelle Bedeutung des Vollmonds in verschiedenen Gesellschaften und Epochen liefern und unsere Vorstellungen darüber, wie wir den Mond wahrnehmen und interpretieren, weiter vertiefen. Die Entwicklung neuer Technologien und die Zusammenarbeit zwischen verschiedenen wissenschaftlichen Disziplinen werden dabei eine wichtige Rolle spielen und uns helfen, den Mond und seine Rolle im Sonnensystem besser zu verstehen.

Abschließende Gedanken

Die Erforschung des Vollmonds ist eine faszinierende Reise durch Raum und Zeit, die uns immer wieder neue Erkenntnisse und Einsichten bietet. Während wir die Erfindung des Vollmonds feiern und auf die Errungenschaften der Vergangenheit zurückblicken, sollten wir auch den Blick nach vorne richten und die Herausforderungen und Möglichkeiten erkennen, die uns in der Zukunft erwarten. Möge diese Reise der Erkenntnis uns dazu inspirieren, weiter zu forschen, zu entdecken und zu verstehen, und uns dazu ermutigen, den Geheimnissen des Mondes mit Neugier und Offenheit zu begegnen.

Über den Autor

 Lutz Spilker wurde im Jahre 1955 in Duisburg geboren.

Bevor er zum Schreiben von Romanen und Dokumentationen fand, verließen bisher unzählige Kurzgeschichten, Kolumnen und Versdichtungen seine Feder.

In seinen Büchern befasst er sich vorrangig mit dem menschlichen Bewusstsein und der damit verbundenen Wahrnehmung. Seine Grenzen sind nicht die, welche mit der Endlichkeit des Denkens, des Handelns und des Lebens begrenzt werden, sondern jene, die der empirischen Denkform noch nicht unterliegen.

Es sind die Möglichkeiten des Machbaren, die Dinge, welche sich allein in der Vorstellung eines jeden Menschen darstellen und aufgrund der Flüchtigkeit des Geistes unbewiesen bleiben. Die Erkenntnis besitzt ihre Gültigkeit lediglich bis zur Erlangung einer neuen und die passiert zu jeder weiteren Sekunde.

Die Welt von Lutz Spilker beginnt dort, wo zu Beginn allen Seins nichts Fassbares war, als leerer Raum. Kein Vorne, kein Hinten, kein Oben und kein Unten. Kein Glaube, kein Wissen, keine Moral, keine Gesetze und keine Grenzen. Nichts.

In Lutz Spilkers Romanen passieren heimtückische Morde ebenso wie die Zauber eines Märchens. Seine Bücher sind oftmals Thriller, Krimi, Abenteuer, Science Fiction, Fantasy und selbst Love-Story in einem.

»Ich liebe die Sprache: Sie vermag zu streicheln, zu liebkosen und zu Tränen zu rühren. Doch sie kann ebenso stachelig sein, wie der Dorn einer Rose und mit nur einem Hieb zerschmettern.«

In dieser Reihe sind bisher erschienen

Die Erfindung der Langeweile
Die Erfindung des Menschen
Die Erfindung des Geldes
Die Erfindung des Teufels
Die Erfindung des Erfolgs
Die Erfindung der Sterblichkeit
Die Erfindung der Lüge
Die Erfindung der Freiheit
Die Erfindung des Todes
Die Erfindung der Welt
Die Erfindung des Inselmenschen
Die Erfindung der Zeit
Die Erfindung der Seele
Die Erfindung der Politik
Die Erfindung des Gewissens
Die Erfindung der Religion
Die Erfindung der Schuld
Die Erfindung der Gerechtigkeit
Die Erfindung des Friedens
Die Erfindung des Selbstgesprächs
Die Erfindung der Zukunft
Die Erfindung der Pornographie
Die Erfindung der Verschwendung
Die Erfindung des Erwachsenseins
Die Erfindung der Hölle
Die Erfindung der Überbevölkerung
Die Erfindung des Himmels
Die Erfindung der Monarchie
Die Erfindung der Unterhaltung
Die Erfindung der Sprache

Die Erfindung der Musik
Die Erfindung der Wiedergeburt
Die Erfindung des Zufalls
Die Erfindung der Namen
Die Erfindung des Bewusstseins
Die Erfindung des freien Willens
Die Erfindung des Wahrsagens
Die Erfindung der Körpersprache
Die Erfindung des Schlafs
Die Erfindung der Sklaverei
Die Erfindung der Angst
Die Erfindung der Vernunft
Die Erfindung des Vollmonds
Die Erfindung des Vitamin B
Die Erfindung des Make-Up
Die Erfindung des Weihnachtsfestes
Die Erfindung des Ku-Klux-Klan
Die Erfindung des Träumens
Die Erfindung der Flaschenpost
Die Erfindung der Mafia
Die Erfindung der Freimaurer
Die Erfindung der Freibeuter
Die Erfindung der Raumfahrt
Die Erfindung der Tempelritter
Die Erfindung des ADHS-Syndroms
Die Erfindung der Homöopathie
Die Erfindung der Freizeitparks

Zeitfracht Medien GmbH
Ferdinand-Jühlke-Straße 7
99095 Erfurt, Deutschland
produktsicherheit@kolibri360.de